EMG3-0194
合唱楽譜＜スタンダード＞
STANDARD CHORUS PIECE

合唱で歌いたい！スタンダードコーラスピース

混声3部合唱

そのままの君で

作詞・作曲：松井孝夫

••• 曲目解説 •••

　小学校の卒業式で定番の楽曲です。斉唱で始まり、2部〜3部合唱へと続いていき、混声合唱の導入にもお勧めです。変わらない友情を歌った歌詞にふさわしい優しいメロディーは、クラス合唱のラストソングとして思い出に残る一曲となることでしょう。

【この楽譜は、旧商品『そのままの君で（混声3部合唱）』（品番：EME-C3071）と内容に変更はありません。】

合唱で歌いたい！スタンダードコーラス

そのままの君で

作詞・作曲：松井孝夫

© 1991 by ONGAKU NO TOMO SHA CORP., Tokyo, Japan.

MEMO

そのままの君で

作詞：松井孝夫

約束しよう
ぼくらはいつまでも　仲のいい友だちでいると
新しい風に吹かれて
心なびくとき　きっと君を思い出すよ
時は流れて
ぼくらは別々の人生を　歩んでいくけれど
いつかどこかで　偶然出会ったなら
心の底から語り合おう
変わらない何かを
確かめあって生きたい
いくつもの思いを
素直に伝えたい
そんな仲間でいてほしい
いくつ年をとっても
君は君でいてほしい
変わらない何かを
確かめあって生きたい
いくつもの思いを
素直に伝えたい
そんな仲間でいてほしい
いくつ年をとっても
君は君でいてほしい

エレヴァートミュージックエンターテイメントはウィンズスコアが
展開する「合唱楽譜・器楽系楽譜」を中心とした専門レーベルです。

ご注文について

エレヴァートミュージックエンターテイメントの商品は全国の楽器店、ならびに書店にてお求めになれますが、店頭でのご購入が困難な場合、当社PC&モバイルサイト・電話からのご注文で、直接ご購入が可能です。

◎当社PCサイトでのご注文方法

http://elevato-music.com

上記のアドレスへアクセスし、WEBショップにてご注文ください。

◎お電話でのご注文方法

TEL.0120-713-771

営業時間内に電話いただければ、電話にてご注文を承ります。

◎モバイルサイトでのご注文方法

右のQRコードを読み取ってアクセスいただくか、
URLを直接ご入力ください。

※この出版物の全部または一部を権利者に無断で複製(コピー)することは、著作権の侵害にあたり、著作権法により罰せられます。

※造本には十分注意しておりますが、万一、落丁・乱丁などの不良品がありましたらお取り替えいたします。また、ご意見・ご感想もホームページより受け付けておりますので、お気軽にお問い合わせください。